PROJET

DE

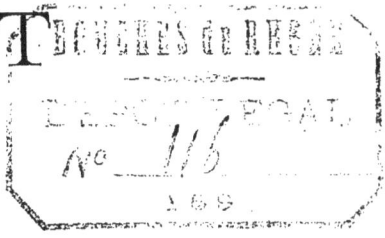

LOI HYPOTHÉCAIRE

PAR

BARRAULT

Ancien principal Clerc de Notaire

MARSEILLE

TYPOGRAPHIE ET LITHOGRAPHIE J. CAYER

57, Rue Saint-Ferréol, 57.

1894

PROJET

DE

LOI HYPOTHÉCAIRE

PAR

BARRAULT

Ancien principal Clerc de Notaire.

MARSEILLE

TYPOGRAPHIE ET LITHOGRAPHIE J. CAYER
57, Rue Saint-Ferréol, 57.

—

1894

PROJET

DE

LOI HYPOTHÉCAIRE

---∞◇∞---

Subrogation Conventionnelle, à tarif très réduit, dans un délai très restreint.

ARTICLE PREMIER.— Toute subrogation conventionnelle, opérée conformément aux dispositions de l'art 1,250 C. C., aura seule le bénéfice de la présente loi.

ART. 2. — Ce bénéfice ne sera dû qu'à la première subrogation, dans la créance originaire.

Cette subrogation devra être mentionnée sur les Registres Hypothécaires, dans les 180 jours qui suivront l'inscription primitive, en ce non compris le jour de cette inscription, ni le jour de cette mention.

ART. 3. — Dans ce même délai, le créancier, ainsi subrogé, pourra, tout en conservant le bénéfice de cette subrogation, prendre, soit en même temps que la mention de subrogation, soit après, une nouvelle inscription qui prendra rang à sa date.

Outre les immeubles hypothéqués primitivement, l'acte de subrogation et cette nouvelle inscription pourront comprendre affectation hypothécaire de nouveaux immeubles du débiteur.

(La faculté de prendre une nouvelle inscription, même sur un gage supplémentaire, paraît utile pour éviter toute difficulté avec les capitalistes, si nombreux aujourd'hui, qui poussent, jusqu'à l'excès, la minutie pour les formalités et l'exigence pour la valeur des gages.)

Art. 4.— Attendu que la présente loi vise uniquement l'amélioration des préliminaires de l'emprunt hypothécaire, cette subrogation sera soumise aux droits suivants :

1° Pour tous droits d'enregistrement.......... F. 3

2° Pour tous droits de subrogation, de mention et de nouvelle inscription au bureau des hypothèques, en sus des frais de timbre et des salaires.......... 3

3° Pour tous honoraires du notaire, sans exception, et pour la rédaction des actes et des bordereaux comme pour l'accomplissement des formalités et en sus des déboursés, timbre et salaire de rôles....... 5

(La modicité de ces droits est la condition sine quâ non *de l'utilité pratique du projet.)*

Ces droits seront exempts de tous décimes.

Et ils seront exclusifs, en ce sens que, sur le capital de subrogation, il ne pourra en être perçu aucun autre, pour cause de subrogation, de libération, de nouvelle obligation, de nouvelle affectation hypothécaire, de prorogation de délai ou de modification dans le mode de libération ou de recouvrement ; le tout à la condition que le caractère général du prêt d'argent ne soit pas altéré.

Art. 5. — Le bénéfice de la présente loi est réservé exclusivement aux créances hypothécaires originaires, causées par le prêt d'argent.

Art. 6. — Tout ce qui n'est pas expressément abrogé par la présente loi, continuera de recevoir son exécution.

EXPOSÉ DES MOTIFS

Notre projet de loi répond à un besoin fréquent dans la pratique des affaires.

Nous allons le démontrer par des considérations qui appartiennent à la vie courante.

CHAPITRE PREMIER

Observation préalable sur l'abondance actuelle des Capitaux Hypothécaires.

Notre projet ayant pour but de faciliter l'accès des capitaux hypothécaires, en donnant la sécurité aux avances provisoires, dont les demandes viennent si souvent assaillir le notaire, nous devons répondre tout d'abord à une objection générale qui surgit naturellement dans l'esprit, en présence de l'abondance actuelle des capitaux.

Dans beaucoup de villes et dans les régions où les vignobles ont été reconstitués au lendemain du phylloxéra, on constate, en effet, une véritable abondance de capitaux hypothécaires.

Ce phénomène est dû :

Premièrement. — Pour les Villes.

1° Aux nombreux mécomptes éprouvés par les capitalistes dans les grandes entreprises qu'il est inutile de rappeler.

Ces mécomptes ont rendu très timorés des capitaux

qui, s'affranchissant même des valeurs étrangères, se sont réfugiés dans le placement hypothécaire, ou les valeurs nationales d'Etat.

2° A la stagnation générale des affaires résultant de cette sorte de panique; car, depuis quelques années, il n'y a eu, en France, ni grandes émisssions, ni entreprises de quelque importance.

Deuxièmement. — Pour les Régions Agricoles.

1° Aux grands rendements vinicoles qui permettent à beaucoup de propriétaires de mettre de côté, chaque année, des capitaux importants.

2° A la rareté des ventes d'immeubles ruraux, par suite de la crise agricole qui a effrayé beaucoup de capitalistes.

Les causes de cette abondance sont accidentelles et leur effet ne doit être que passager.

C'est là un temps d'arrêt qui marque les évolutions périodiques du capital.

D'ailleurs, quand on parle de l'abondance des capitaux hypothécaires, il faut, pour tout dire, ajouter :

Que cette abondance est le privilège de quelques régions seulement, tandis que d'autres souffrent de la pénurie ;

Et que ces capitaux sont surtout de gros capitaux, ne guettant que les gros placements et résistant à tout fractionnement.

La meilleure preuve en est dans ce fait notoire que, pour les gros placements, l'intérêt est descendu à 4 %, tandis qu'il est resté invariablement à 5 % pour les petits prêts.

En résumé, il y a encore de nombreuses régions où les capitaux hypothécaires sont assez rares ; et ils le sont partout pour les petits emprunts.

Dans les régions favorisées par l'abondance, on constate
que beaucoup de capitalistes, las d'attendre le placement
hypothécaire, emploient leurs fonds en acquisition ou en
construction d'immeubles; et il s'y produit déjà un léger
relèvement dans le taux de l'intérêt.

Cette nouvelle orientation vers les immeubles et surtout les immeubles urbains, paraît appelée à devenir
générale prochainement; car, avec autant, sinon plus
de sécurité que dans le placement hypothécaire, les capitaux trouvent là un rendement supérieur.

Et le champ est vaste, grâce au développement et à la
transformation des vieilles villes et de leurs banlieues;
car, en se familiarisant chaque jour avec les règles de
l'hygiène et de la salubrité publiques, la masse contracte
des besoins qu'il faudra incessamment satisfaire partout,
en assainissant et en modernisant les vieilles cités.

D'autre part, l'éloignement des dangers courus en aura
vite effacé le souvenir.

La première grande entreprise de travaux publics (et
il en reste beaucoup à créer) trouvera facilement des
capitaux et les rendra moins casaniers.

On peut donc affirmer que, dans un avenir très pro-
chain, cette surabondance de gros capitaux hypothécaires aura disparu.

En constatant que l'abondance des capitaux hypothécaires n'est pas générale et qu'elle n'intéresse que les
grands propriétaires, nous croyons avoir justifié les
observations qui vont suivre. Elles motivent notre pro-
position de loi dont l'utilité immédiate n'est pas contes-
table pour les petits propriétaires si nombreux et si inté-
ressants; car, ceux-là surtout emploient utilement les
capitaux d'emprunt à l'amélioration réelle des immeubles.

CHAPITRE II

**Urgence de prompte solution dans les opérations
du prêt d'argent.**

Le besoin d'argent exige toujours une satisfaction
immédiate.

Car un fait avéré, dans la pratique des affaires, c'est
que l'emprunteur, toujours pressé d'avoir les fonds,
attend au dernier moment pour se prémunir contre ses
besoins ou contre ses échéances ;

Et ce, en dehors des cas nombreux où le besoin d'argent est subit et par suite imprévu.

Tout le monde sait que, dans le notariat, on peut réaliser un prêt, pour ainsi dire du jour au lendemain, sans
compromettre la sécurité du placement.

Le notaire n'y met aucune négligence, ni aucune légè-
reté, car sa responsabilité est engagée ; mais, connaissant
toujours ses clients et leur solvabilité morale, ainsi que
la valeur des garanties offertes et des droits de propriété,
le notaire peut, sans aucun risque, suppléer, par des
certitudes morales, à beaucoup de justifications et de formalités longues ou dispendieuses.

En sorte que l'impossibilité de donner satisfaction immédiate à un emprunteur, provient toujours du manque
de capitaux hypothécaires immédiatement disponibles.

CHAPITRE III

Emprunteurs.

Il est notoire que le crédit personnel n'existe presque
plus.

Ce crédit implique la valeur morale de l'individu, et

il faut bien avouer que celte valeur a terriblement baissé.

Aussi l'emprunteur ne peut-il éviter le prêt hypothécaire, avec tous les frais qu'il occasionne.

. D'ailleurs, ce mode d'emprunt est le seul qui donne quelque sécurité au débiteur lui-même.

En effet, les revenus d'un propriétaire ne sont guère disponibles qu'annuellement ; ils sont relativement peu élevés et se trouvent, en grande partie, absorbés par les besoins mêmes de l'existence.

Par suite, l'emprunteur a besoin d'un long terme, non seulement pour le paiement des intérêts, mais aussi pour la reconstitution du capital.

L'emprunt chirographaire n'est, au contraire, qu'un expédient généralement fâcheux ; car. la solvabilité morale de l'emprunteur, qui en est la seule raison d'être, ne peut être atteinte qu'au moyen d'un délai très restreint. Cette brièveté entraîne le débiteur aux renouvellements successifs qui viennent, chaque fois, augmenter sa dette, en laissant toujours subsister une échéance prochaine. C'est le jeu si connu et si dangereux, qui consiste à creuser une nouvelle fosse pour combler la précédente.

A ce jeu-là, le débiteur se ruine rapidement, même sans grand profit pour personne.

D'une façon manifeste, l'emprunt hypothécaire, qui seul donne la sécurité à l'emprunteur et au prêteur, est le moyen qui permet au débiteur de faire, avec profit, toutes sortes d'améliorations ; il contribue ainsi à l'accroissement de la fortune publique.

A ce titre, il mérite d'être facilité.

Quand cet emprunt conduit un propriétaire à la ruine, c'est toujours par le manque d'ordre ou de travail, et souvent aussi par les dépenses excessives et superflues. Ce sont là des accidents qui n'enlèvent rien à l'utilité générale du prêt hypothécaire, pas plus que les maladies incurables ne condamnent la médecine.

CHAPITRE IV.

Capitaux.

Tous les capitaux de placement rentrent dans deux catégories :

La *première* se compose des capitaux de placement hypothécaire.

Ces capitaux appartiennent généralement à des rentiers qui n'ont pas d'autres moyens d'existence ou qui, pour des raisons multiples, ne veulent pas s'en créer d'autres.

En sorte que, si l'échéance lointaine de remboursement est nécessaire au débiteur, elle l'est également au rentier qui a besoin d'assurer la régularité de ses revenus pour une longue période.

De là vient l'habitude, dans les obligations de prêt, d'imposer pour le remboursement du capital :

1° Un délai de cinq à six ans et souvent plus ;

2° Le bénéfice commun du terme pour le prêteur et pour l'emprunteur, mais en obligeant toujours ce dernier à prévenir trois ou six mois à l'avance.

Il en résulte que les capitaux de placement hypothécaire ne sont disponibles qu'à des époques bien déterminées et sont même souvent promis à l'avance pour un nouveau placement.

D'où pour l'emprunteur la nécessité d'attendre souvent au détriment de ses besoins.

La *seconde catégorie* se compose des capitaux de spéculation, d'attente ou d'épargne, sous forme de dépôts temporaires.

Leur nature même implique leur disponibilité.

Ils sont là, soit pour attendre des opérations ou des besoins prévus, soit pour profiter des accroissements d'économie.

Ils sont considérables.

Ils se composent, en grande partie, de petites sommes, il est vrai; mais si leur groupement permet les grosses opérations, ces petites sommes pourraient séparément donner satisfaction à la majorité des emprunteurs, formée de petits besogneux.

Ces capitaux iraient facilement aux placements hypothécaires pour une courte durée; car ils profiteraient ainsi d'un intérêt plus élevé, sans nuire aux projets des capitalistes.

En rendant l'accès facile et économique aux emprunteurs, on en supprimerait donc des attentes préjudiciables.

CHAPITRE V.

Frais actuels de l'Obligation de prêt et de la Subrogation. — Économie par la loi proposée.

Actuellement l'obligation hypothécaire pour prêt entraîne les frais suivants :

1° Enregistrement.......... F. 1 25 %

2° Hypothèques.... ...... 1 25 °⁰/₀₀ .

3° Notaires.............. ...... 1 » % au moins

Le tout en sus du timbre, des salaires et de diverses allocations.

En totalisant l'ensemble de ces frais, on arrive à 3 0/0 au minimum.

Toute cession d'une créance hypothécaire ou toute subrogation donne lieu aux mêmes droits.

De sorte qu'en l'état actuel, la substitution des capitaux

de placement hypothécaire aux capitaux de dépôt, c'est-à-dire la substitution d'un prêt définitif à un prêt provisoire, par l'effet de la subrogation conventionnelle, entraînerait la dépense excessive de 6 0/0 au minimum.

Les plus prodigues, comme les plus besogneux, reculent devant une pareille somme de frais qu'il faut toujours payer séance tenante.

Nous établissons qu'avec la loi proposée, ces frais se trouveraient réduits à 3,20 0/0 au moins, soit une économie de 2,80 0/0.

En effet, prenons pour exemple le prêt moyen de 20,000 francs.

Voici les frais dans le cas de subrogation :

1° Sous le régime actuel :

20,000 fr. à 6 0/0............ .... F. 1,200

2° Sous le régime proposé :

Subrogation
- Hypoth.
  - Emprunt de 20,000 fr. à 3 0/0...... 600
  - Enregistrement..... 3
  - Droit fixe............. 3 } 15
  - Salaires et timbre....... 12
  - 40
  - 640
- Notaire.
  - Honoraires........... 5 } 22
  - Timbre , répertoire et rôles 17

Différence....... 560

Soit l'économie de 2 fr. 80 0/0.

CHAPITRE VI.

Origine du Projet.

En rapprochant ces considérations, on est amené naturellement à rechercher s'il n'y aurait pas un moyen pratique et économique de satisfaire les besoins d'argent, toujours impérieux, en associant les avantages des deux catégories de capitaux, établies sous le chapitre IV.

Là est l'origine de notre projet de loi.

CHAPITRE VII.

Démonstration pratique.

Pour préciser la portée de ces observations, nous prenons les cas les plus fréquents dans la pratique des affaires.

Le débiteur (récidiviste) qui doit rembourser sa dette, à l'échéance de l'obligation originaire, est presque toujours obligé de vendre ses immeubles ou de chercher de nouveaux capitaux ; car, dans le délai ordinaire de cinq à six ans, il a rarement pu reconstituer intégralement le capital de sa dette. Mais il compte toujours sur la longanimité de son créancier.

A la première sommation, il se réveille et se démène et finit presque toujours par attendrir le prêteur et obtenir le délai de grâce ; mais ces atermoiements, préjudiciables aux deux parties, entravent inutilement les affaires et discréditent moralement le débiteur.

L'emprunteur qui sollicite un premier prêt n'est pas plus prévoyant.

Tous deux arrivent au dernier moment chez le notaire qui est l'intermédiaire tout indiqué pour ce genre d'opérations.

Le notaire n'est en réalité que le *Negotiorum gestor* de ses clients.

Il a rarement chez lui ou sous la main des capitaux hypothécaires immédiatement disponibles.

Il tient seulement, à cet effet, une sorte de comptabilité où il enregistre les offres et les demandes de fonds.

Et si les emprunteurs sont imprévoyants, le prêteur, au contraire, prend ses précautions pour éviter toute interruption dans le louage de ses capitaux; car, il sait qu'il est obligé de subir l'échéance de remboursement, sans aucun ajournement, si le débiteur le lui impose.

Il va chez son notaire et lui fait consigner, plusieurs mois à l'avance, la disponibilité de ses fonds.

Et comme en temps normal et même actuellement, sauf les exceptions signalées sous le chapitre I, il y a moins d'offres que de demandes d'argent, les capitaux se trouvent généralement retenus d'avance.

Aussi l'emprunteur est souvent obligé d'attendre assez longtemps les fonds qui lui sont nécessaires, et il les attend, à son plus grand préjudice, parce qu'on les lui a promis pour une date certaine.

En résumé, l'emprunteur, généralement imprévoyant, a toujours, au moment même de sa demande de prêt, un besoin urgent de tout ou partie des fonds. Les fonds destinés au prêt hypothécaire sont rarement disponibles au jour le jour. Par contre, les capitaux de dépôt, utilisables pour les avances provisoires, sont abondants et presque toujours disponibles.

Mais, ne pouvant être garanties sérieusement que par l'hypothèque, ces avances provisoires ne sont pas pratiquées, à cause des frais trop élevés qu'entraînent l'obligation et la subrogation sous le régime actuel.

Il en résulte un grand préjudice pour toutes les transactions.

La réduction du droit fiscal que nous proposons a pour but, en supprimant presque les frais de subrogation et en permettant, sans aucun risque, les avances provisoires de fonds, de faciliter économiquement l'accès des capitaux hypothécaires.

Cette loi ne préjudiciera à aucun intérêt; elle sera purement facultative et rendra assurément de grands services à tous ceux, si nombreux, qui ont besoin d'argent, l'instrument de progrès, par excellence, à notre époque.

Consignons deux faits qui ne sauraient être contestés :

Le prêteur n'aime pas fractionner son capital de placement hypothécaire. Voilà le premier fait.

Le second, c'est que le notaire a toujours, soit chez lui, soit dans sa clientèle, soit à sa portée, des capitaux de dépôt que les titulaires pourraient utiliser pour des avances provisoires, si la garantie hypothécaire, provisoire elle-même, pouvait faire l'objet d'une subrogation moins onéreuse.

Il arrive assez souvent qu'un propriétaire, découragé par les délais d'attente, renonce à emprunter les fonds destinés à des améliorations ou à des augmentations immobilières qui auraient été profitables à tous par le travail fait et par la plus-value acquise.

A la campagne surtout, où le besoin immédiat de quelques milliers de francs est si fréquent, l'inconvénient subsiste irrémédiablement.

Là, le notaire a bien toujours quelques dépôts disponibles ou il peut en trouver facilement; mais il a rarement des capitaux hypothécaires et, pour en trouver, il lui faut aller à la ville voisine, dès que ses occupations le lui permettent et attendre souvent assez longtemps le résultat de négociations laborieuses.

D'autre part, l'emprunteur n'acceptera jamais des avances qui l'obligeraient à payer deux fois les frais d'emprunt. Avec ses préjugés, faits surtout d'ignorance, il imputerait tout simplement cette dépense excessive au notaire, en suspectant sa probité.

Alors, il se résigne à attendre que le notaire ait trouvé les capitaux hypothécaires.

Dans l'intervalle et pour satisfaire à une échéance ou à un besoin impérieux, il vend, dans des conditions déplorables, soit des récoltes qui devaient attendre un moment plus propice, soit des bêtes de travail dont la disparition nuira à des travaux urgents ou à son peu de crédit.

Il préfèrera s'exposer ainsi à des pertes qui lui paraîtraient incertaines *à priori*, contre lesquelles il espèrera pouvoir se défendre et qu'il ne pourra chiffrer à l'avance.

Avec la loi proposée, le notaire pouvait faire faire des avances provisoires et attendre ainsi les capitaux nécessaires au prêt définitif.

CHAPITRE VIII.

Réfutation des Objections.

Il convient maintenant de démontrer que personne n'aurait à souffrir de cette légère réforme fiscale.

§ I. — *Les Notaires.*

Les notaires ne pourront que profiter d'une facilité apportée à des opérations dont ils ont le monopole.

Les honoraires, réduits à 5 fr. dans le cas prévu, s'expliquent suffisamment par ce fait que la subrogation proposée sera un acte très simple, ne formant que le complément de l'obligation primitive, qui est le seul acte engageant la responsabilité professionnelle.

Et, comme nous le démontrerons plus loin pour le Trésor, les conditions particulières et le délai restreint, imposés pour cette subrogation, écartent absolument la crainte, pour eux, de voir cette nouvelle opération diminuer le nombre ou la qualité des actes de subrogation qu'ils sont appelés à recevoir sous le régime actuel.

§ 2. — *Les tiers en général.*

Les tiers, emprunteurs ou capitalistes, ne peuvent également que tirer profit de l'amélioration apportée aux conditions du prêt hypothécaire.

§ 3. — *Le Trésor.*

Le Trésor, qui a des droits acquis à sauvegarder, n'en souffrira pas davantage.

Nous allons en développer les raisons.

Auparavant nous devons rappeler que la loi proposée ne vise que la subrogation conventionnelle dans les obligations originaires de prêt, et ce dans un délai restreint de six mois, à l'exclusion de toutes autres opérations pouvant donner naissance à des créances, telles que les ventes, les échanges, les partages ou donations et généralement les transactions quelconques.

D'une façon générale, sous le régime actuel, et en raison des frais si élevés de l'obligation et de la subrogation, le prêteur aussi bien que l'emprunteur ne se soumettent à cette double opération que dans un cas de nécessité absolue.

Comme nous l'avons déjà constaté, l'un et l'autre ont grand intérêt à ce que l'obligation soit contractée pour un terme de plusieurs années et suive son cours.

Aucun d'eux ne peut être tenté ou forcé de modifier ce contrat que par un cas imprévu et évidemment très rare, dans les six mois qui suivent le prêt. — Nous allons le démontrer.

Toute cession de créance ou subrogation entraine un

droit de 1 fr. 25 0/0 pour l'enregistrement et de 1 fr. 25 00/00 pour les hypothèques.

En y substituant un droit très réduit, on paraît en effet porter préjudice au fisc ; mais ce n'est qu'apparent.

Le Directeur de l'Enregistrement peut facilement s'assurer qu'il n'y a peut-être pas, chaque année, cent cessions ou transports de créances, pour prêt, opérées dans les six mois de l'origine du prêt (catégorie et délai imposés par la loi projetée) ; ce qui représenterait une somme infime de droits fiscaux.

Nous en avons déjà fait valoir plusieurs raisons. — Nous les rappelons, en les complétant.

1° Prêteurs. — Le prêteur, qui est presque toujours un rentier, a généralement sa vie arrangée, ses besoins prévus, classés et cotés, à l'abri de toute surprise.

Le capitaliste ne considère pas le prêt hypothécaire comme un placement accidentel.

En raison des délais obligatoires de remboursement, ce genre de placement ne peut résulter que d'un choix et d'une préférence très réfléchis.

Le prêteur vit du revenu de ses capitaux ; le placement hypothécaire seul lui offre la supériorité d'intérêt, de sécurité et de pérennité qui correspond à son désir.

Il ne doit donc y renoncer que difficilement et fort rarement et encore moins l'interrompre, puisque ses combinaisons budgétaires ont écarté les autres genres de placement.

Par suite, il est peu admissible que, dans un délai de six mois, cette préférence très réfléchie puisse être modifiée par une nouvelle combinaison ou par un besoin imprévu.

Nous ne pouvons pas envisager la cession de créance causée par l'insolvabilité morale ou le mauvais vouloir du débiteur ; car un mauvais débiteur ne trouve généralement pas de prêteur hypolhécaire.

Dans tous les cas où ces défauts auraient été dissimulés lors du prêt, l'échéance seule de la première année d'intérêts peut les révéler. — On peut donc opposer le délai de six mois.

Il y a une autre considération.

Le débiteur ayant toujours, au moins au même degré que le prêteur, le bénéfice du terme, les frais de cession, soit 3 0/0, incomberaient à ce dernier.

Pour quelqu'un qui vit de l'intérêt de ses capitaux, la dépense est excessive ; et on ne s'y expose assurément que pour un motif tout à fait exceptionnel.

Pour mieux préciser, nous établissons les deux cas (il ne saurait y en avoir d'autre) où le créancier peut être amené à la subrogation conventionnelle par son propre intérêt.

1er *Cas*. — Besoin imprévu et par suite fort rare des capitaux pour le prêteur lui-même, dans les six mois du prêt.

Si le prêteur cède sa créance dans les six mois de l'origine du prêt, il touchera, au plus, comme intérêt $\frac{5 \; 0/0}{2}$ ou . . . . F. 2 50 0/0

Et il paiera les frais de cession 3 0/0. . . . .   3 » 0/0

Soit une perte sèche de. . . . . :. . . F. 0 50 0/0

Nous avons dit besoin imprévu — Autrement le prêteur eût gardé ses capitaux ou les eût employés différemment de façon à s'en assurer la disponibilité.

2me *Cas*. — *Ayants-cause du prêteur*. — Les héritiers ou ayants-cause du prêteur peuvent en effet, pour les besoins du partage ou de la liquidation ou pour leurs besoins propres, être amenés à réaliser la créance au moyen d'une cession.

Mais on nous concèdera assurément

Que ce cas,

qui comporte, dans un délai de six mois, l'établissement de la créance, le décès du créancier, la liquidation de sa succession, la découverte de nouveaux capitaux et la réalisation de la cession, et qui, en outre, impose également aux cédants les frais du transport et la perte d'intérêt,

Constitue une exception telle, qu'elle ne saurait fournir une objection sérieuse.

2° DÉBITEURS. — Pour le débiteur, il ne peut y avoir également que deux cas.

1er Cas. — *Besoin de la subrogation pour l'emprunteur lui-même.* — On ne voit pas très bien dans quelles circonstances l'emprunteur lui-même pourrait être poussé à la subrogation conventionnelle, dans les six mois de l'emprunt.

Dans la pratique, le terme est souvent stipulé en faveur des deux parties ou du prêteur seulement, et, dans tous les cas, on impose à l'emprunteur l'obligation de prévenir du remboursement au moins trois mois à l'avance.

Quoi qu'il en soit, les frais de cession provoquée par le débiteur restent toujours à sa charge.

Par suite, l'emprunteur perdrait le bénéfice des frais de l'obligation primitive et encourrait les frais de la cession, c'est-à-dire qu'il s'imposerait une dépense considérable ; sans compter qu'il se heurterait presque toujours à l'opposition intéressée et péremptoire du prêteur.

On ne peut pas sérieusement discuter le cas où l'emprunteur serait mécontent de son créancier ; car, dans le délai de six mois, il n'aura eu ni à exécuter les charges de l'obligation ni à souffrir de l'action du prêteur, puisque l'échéance seule de la première année d'intérêts amènera le premier règlement de compte entre eux.

2me *Cas*. — *Subrogation par les ayants-cause de l'emprunteur.* — Ce dernier cas ne peut s'appliquer qu'aux héritiers naturels ou aux légataires de l'emprunteur , et ils ne sauraient avoir d'autres motifs que leur auteur pour provoquer la subrogation.

On pourrait, à la rigueur, limiter le bénéfice de la loi proposée à la personne même du prêteur et de l'emprunteur ; ce qui supprimerait radicalement toute objection basée sur l'action de leurs ayants-cause. Mais les considérations qui précèdent, sur l'inopportunité de cette action, se trouvant justifiées dans la pratique des affaires, nous avons pensé qu'il serait inutile d'imposer cette restriction.

3° Ventes et Expropriations des Gages — Une objection, bien que spécieuse, pourrait être faite par le fisc, dans la crainte que cette facilité, donnée aux emprunteurs pour attendre la disponibilité des capitaux hypothécaires, ne fût de nature à diminuer ou à ajourner les ventes amiables ou forcées des gages, c'est-à-dire la perception de droits fiscaux de 7 au 8 0/0.

Cette crainte ne serait pas fondée ; nous allons le démontrer par l'examen de faits notoires qui ne sauraient soulever aucune discussion.

Un propriétaire a, pour ses immeubles, une affection spéciale, véritable passion. — C'est d'instinct.

Il les conserve avec ténacité, tant que son crédit n'est

pas épuisé ou tant que son intérêt ne lui commande pas
impérieusement de les vendre.

Tant que ses immeubles présentent une garantie suf-
fisante, il trouve des prêteurs; ce n'est qu'une affaire de un
ou deux mois d'attente, au plus, dont les inconvénients
sont toujours moindres que ceux d'une vente précipitée.

Ventes Amiables

Quand un propriétaire vend amiablement son immeuble, soit pour avoir des capitaux, soit pour rembourser un
emprunt au lieu de le renouveler, il use de son libre
arbitre en choisissant son moyen de liquidation ; et le
plus ou le moins de facilité qu'il pourrait avoir pour
trouver autrement des capitaux, notamment pour renouveler un emprunt, ne saurait influer sur sa décision; car
le temps dépensé pour la réalisation de la vente et pour
l'accomplissement des formalités préalables à tout paiement de prix, est supérieur à la durée d'attente qu'il
pourrait subir, malgré toute imprévoyance, jusqu'à la
découverte de capitaux hypothécaires.

Expropriations

Quand un gage est exproprié par le créancier, c'est
qu'il y a péril en la demeure par la dépréciation du gage
ou que l'insolvabilité morale du débiteur s'est trahie par
l'irrégularité du paiement des intérêts.

Ce sont là vices rédhibitoires qui ne permettent plus
de trouver bailleur de fonds, eût-on le loisir de faire le
tour du monde pour en découvrir.

Les délais obligatoires imposés par la procédure qui
précède le fait même de la vente par expropriation, re-
présentent encore là une durée bien supérieure au temps
nécessaire pour trouver un nouveau créancier.

Et quand, pendant ces délais, un débiteur poursuivi ne trouve pas de capitaux, c'est que sa réputation d'insolvabilité est accomplie ; ce qui le met dans l'impossibilité absolue d'éviter l'expropriation

On peut donc affirmer que la facilité donnée par la loi projetée ne pourra nullement diminuer les ventes de gages et par suite les recettes fiscales ; car, même en l'état actuel, le débiteur le plus imprévoyant trouve, dans les délais irréductibles de la procédure d'expropriation, et en ne subissant que des frais insignifiants, le temps nécessaire pour découvrir de nouveaux bailleurs de fonds. Et malgré le temps assez long, souvent dépensé à cette opération, le préjudice ainsi subi par l'emprunteur est préférable et toujours préféré aux pertes et au discrédit résultant de la vente de ses immeubles.

RÉSUMÉ

Nous venons d'exposer une idée très simple; mais nous la croyons féconde.

Les avantages pour les opérations du prêt hypothécaire ne sauraient être contestés.

La loi proposée n'apportera aucun trouble, aucune confusion dans les lois préexistantes ; car son application est bien limitée, sans qu'elle puisse donner lieu à aucune controverse.

Elle sera purement facultative, en laissant à tous le

droit de préférer l'état de choses actuel ; de même que la création des chemins de fer n'a enlevé à personne le droit de voyager à pied.

Elle donnera à ceux qui ont besoin d'argent un moyen d'obtenir plus rapidement satisfaction, en les laissant libres d'en user.

Non seulement personne n'en souffrira, pas plus les notaires, les capitalistes et les emprunteurs, que le Trésor; — mais encore, la pratique de cette loi, en facilitant l'accès des capitaux, contribuera au développement de la fortune immobilière.

A notre époque de positivisme, où le bien-être matériel demande satisfaction à la rapidité et à la perfection des moyens de production et de transmission, l'argent est nécessairement l'instrument de progrès par excellence.

Par suite, tout ce qui peut en rendre l'accès facile et économique constitue manifestement une solution d'intérêt général.

Un fait acquis, c'est qu'en général le propriétaire d'immeubles est dépourvu de capitaux mobiliers toujours nécessaires à la conservation, à l'amélioration ou à l'exploitation de l'immeuble.

De même, les capitaux mobiliers ne trouvent nulle part plus de sécurité et plus de rémunération réelle que dans le placement fait sur immeubles.

De sorte qu'entre les valeurs mobilières et les immeubles, il y a une réciprocité de services et de sécurité que l'on ne saurait trop encourager ; car la tranquillité publique est faite surtout de la jouissance sûre et paisible de ce que l'on possède ou de ce que l'on acquiert ; ce qui est un stimulant d'une grande portée morale pour ceux qui travaillent.